AF232735

ORIGINAL EN COULEUR
Nº Z 03-170-8

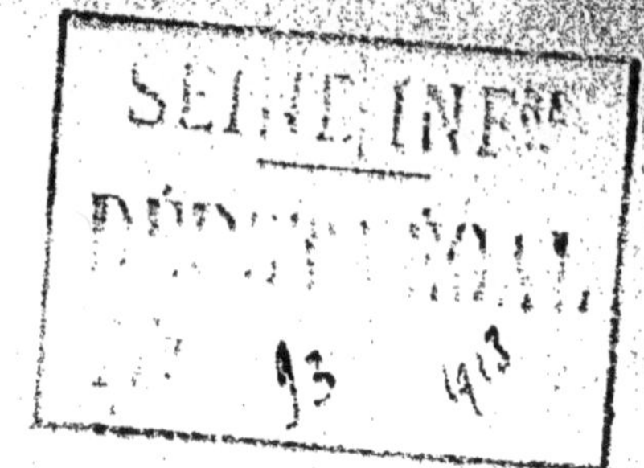

Le Rôle

de la

Protection Française

vis-à-vis de la

Justice Religieuse

en

TUNISIE

par

Charles de LA JONKAIRE

Conseiller à la Cour d'Appel de Rouen

Imprimerie Lucien WOLF
ROUEN

Le Rôle

de la

Protection Française

vis-à-vis de la

Justice Religieuse

en

TUNISIE

par

Charles de LA JONKAIRE

Conseiller à la Cour d'Appel de Rouen

Préface

Les voyages, dit-on, forment la jeunesse. J'en ai fait
beaucoup. Je ne sais quelles formes ou quelles empreintes ils
m'ont laissées, mais ce que je sais, c'est qu'on s'intéresse
toujours aux pays qu'on connaît ou qu'on a visités, et que les
nouvelles, par exemple, qui en proviennent, vous touchent
infiniment plus que celles des pays inconnus.

Il y a déjà plus de trente ans, jeune avocat, pas encore
magistrat, mais bien près de l'être, je visitai la Tunisie qui
venait d'être occupée par les armées françaises; le général
Bréart venait de signer le traité du Bardo (12 Mai 1881)
avec le Bey de Tunis, Mohammed es Sadok, traité qui devait
établir bientôt notre protectorat sur la Régence.

J'eus la bonne fortune de faire ce voyage, avec un compa-
gnon charmant qui a laissé, dans le monde des lettres, le
souvenir d'un esprit des plus fins, Henry Fouquier, lequel fut
un des plus brillants collaborateurs de Villemessant au Figaro.

Où est le temps où nous chassions ensemble le flamant
rose sur le lac de la Goulette?...

A cette époque, déjà lointaine, je fus reçu, avec Henry
Fouquier, à la Résidence générale, à la tête de laquelle venait
d'être placé M. Roustan, l'ancien Consul général de France
à Tunis, qu'un long séjour dans le pays et une grande connaissance des hommes et des choses de cette région désignait,
tout naturellement, au choix du gouvernement, pour occuper,
le premier, ces hautes et très-difficiles fonctions.

Mais, déjà, à ce moment même, je fus frappé des difficultés qui allaient nécessairement surgir, en ce qui concernait
l'administration de la Justice, dans ce pays, où, la France

allait établir son Protectorat, et je me demandais comment allait fonctionner cette administration, au milieu de ces populations si attachées à leurs traditions, à leurs usages et à leur religion.

Le Gouvernement de la République, en établissant le Protectorat, eut la sagesse de ne pas toucher à ces institutions, il a respecté la loi Coranique et la jurisprudence traditionnelle qui en découlait, laissant aux indigènes la justice qu'ils devaient à la loi du Prophète et à laquelle ils étaient attachés avec une sorte de fanatisme mystique.

Il m'a donc paru, dans ces conditions, qu'il était intéressant d'examiner quel était, maintenant, le rôle de la Protection Française vis-à-vis de la Justice religieuse en Tunisie.

Tel est l'objet de cette étude.

Elle paraît plus de trente ans après, que je me suis posé la question ; peut-être n'est-il pas trop tard pour y répondre, ou du moins pour en chercher la solution, car la période écoulée permet d'étudier, d'une façon plus précise et plus exacte, comment ont pu vivre en bonne harmonie et, en quelque sorte, côte à côte, le Code Napoléon et la loi de Mahomet et de voir si l'unité de juridiction ne constituerait pas, aujourd'hui, un avantage certain, un réel bienfait pour les populations de la Régence.

C. de La J.

Le Rôle de la Protection Française
vis-à-vis de la Justice Religieuse en Tunisie

OUT passe si vite dans nos esprits qu'il est peut-
être nécessaire, pour comprendre les considéra-
tions qui vont suivre et les conclusions qui nous
paraissent devoir en découler, de rappeler l'époque
où la France fut amenée à occuper la Tunisie et comment,
à cette époque était répartie la population de la Régence.

Ce fut en 1881 que la France fut obligée d'intervenir.

Le plus grand désordre financier régnait dans la Régence;
les folles dépenses, les prodigalités du bey Ahmed (1837 à 1855),
les malversations du ministre Mustapha Khaznadar avaient
nécessité des emprunts et des impôts fort lourds, auxquels
avait dû avoir recours le gouvernement beylical sous le règne
de Mohammed es Sadok.

Déjà les Kroumirs, en 1865 et 1867, s'étaient soulevés et
révoltés contre le Souverain et avaient été finalement réduits
à l'impuissance.

Ce furent encore ces mêmes populations qui, gênées,
malheureuses, écrasées d'impôts, s'agitèrent vers 1880 et 1881,
violant la frontière de nos possessions d'Algérie, se livrant
au pillage et aux déprédations, de toutes sortes, au préjudice
de nos nationaux ou des Arabes habitant sur le territoire
français de la province de Constantine.

Il devenait nécessaire de défendre notre frontière contre
les incursions de ces pillards, et notre intervention était
d'autant plus utile que l'Italie, voyant les difficultés dans
lesquelles se trouvait engagé le gouvernement beylical, cher-

chait à mettre la main sur ce pays, et, en tous cas, pour y parvenir, faisait ouvertement campagne contre la France et contre l'influence française.

L'Italie se considérait comme d'autant plus fondée à prendre cette attitude que la population italienne était de beaucoup supérieure à la population française et que le voisinage de l'Italie et de la Tunisie semblait faire de cette dernière terre comme le prolongement naturel de la première.

L'insurrection des Kroumirs, qui, n'ayant plus rien à prendre chez eux, venaient chez nous se ravitailler, les armes à la main, fut le prétexte opportun de notre intervention et c'est alors que le corps expéditionnaire français, fort de 32.000 hommes, sous le commandement du général Forgemol de Bosquénard, comprenant deux divisions commandées par le général Delebecque (partie Nord) et le général Logerot (partie Sud), pénétra en Tunisie.

Cette première campagne (avril-mai 1881) se termina par le traité du Bardo ou de Kassar-Saïd (12 mai 1881), préparé par MM. Jules Ferry et Barthélemy Saint-Hilaire, traité qui fut présenté à la signature du Bey par le général Bréart.

Ce traité n'était ni l'annexion de la Tunisie, et pas encore le Protectorat, mais une sorte de tutelle exercée par la France sur le gouvernement de la Régence.

A la suite de ces événements, les troupes françaises rétrogradèrent, sans avoir, d'ailleurs, occupé Tunis et l'armée d'occupation fut réduite de moitié.

Les indigènes crurent à un mouvement de recul de notre part, qu'ils interprétèrent comme un acte de faiblesse, et alors une vaste insurrection éclata contre la France.

Elle eut pour conséquence une seconde campagne qui, rapidement menée, eut pour effet la pacification du pays et l'établissement du Protectorat, officiellement établi et définitivement réglé par le traité de La Marsa (1) (8 juin 1883),

----

(1) C'était l'application de la formule concise de Gambetta, alors au pouvoir, après la chute de Jules Ferry : « Ni annexion, ni abandon ».

signé par M. Paul Cambon et Ali Bey, alors bey de Tunis, qui avait succédé à feu Mohamed es Sadok.

Telles furent les circonstances dans lesquelles la France fut amenée à établir son Protectorat sur la Régence de Tunis.

La France laissait au souverain de la Tunisie son autonomie, reconnaissait sa souveraineté, mais stipulait que, sous son autorité, elle procéderait aux réformes administratives, financières et *judiciaires* nécessaires ou jugées utiles par notre Gouvernement. Elle réglait, enfin, les conditions d'un emprunt à effectuer pour la conversion ou le remboursement de la dette consolidée et de la dette flottante en Tunisie.

En 1881, date où commence l'ingérence de la France dans les affaires de la Régence, la population française était de 708 individus ! 25 ans après, en 1906, cette population était de 34.610 individus.

A ces mêmes dates, 1881, les Italiens étaient 11.000 et en 1906 ce chiffre s'élevait à 81.156.

Quant à la population indigène, restée à peu près la même, d'après les évaluations les plus exactes (1), elle s'élevait à près de 1.800.000 habitants, se répartissant ainsi :

Musulmans. . . .	1.703.142
Juifs	64.170
	1.767.312

Autrefois, c'est-à-dire avant l'établissement du Protectorat, il existait en Tunisie deux juridictions.

La juridiction tunisienne, qui appliquait la « loi Coranique » et le « droit Séculier » aux musulmans et aux juifs indigènes, et la juridiction consulaire, c'est-à-dire celle des consuls dont ressortissaient les Européens.

Le Portugal, la Suède et la Norvège, le Danemark, en 1883;

---

(1) Ces évaluations, pour exactes qu'on puisse les considérer, n'ont cependant qu'un caractère approximatif, étant donnée la façon dont est organisé l'état-civil en Tunisie et les difficultés d'un recensement parmi les tribus nomades de la Régence.

l'Angleterre, l'Espagne, la Belgique, l'Allemagne, la Grèce, l'Autriche-Hongrie, la Russie, en 1881, renoncèrent à leur juridiction consulaire, puis l'Italie en dernier lieu.

Le Protectorat ayant établi la juridiction française, le Tribunal de Tunis fut créé en 1883 et, en 1887, le Tribunal de Sousse.

Mais ces tribunaux ne sont compétents que pour les Français, les étrangers ou encore les « protégés ».

On appelle « protégés » les Tunisiens musulmans ou israélites qui se sont placés sous la protection consulaire d'une puissance européenne.

En 1896-1897, il fut établi, par chaque Consulat, une liste de ses protégés, et cette liste fut close et arrêtée. Il n'en est plus créé par les consuls. Cet état ayant pour effet d'exempter le protégé de certains impôts tunisiens assez lourds et notamment « la Medjba », naturellement un très grand nombre d'israélites étaient venus se placer sous le régime de la protection consulaire pour ne pas payer ces taxes.

Quant aux musulmans et aux juifs Tunisiens, ils continuent à être justiciables des tribunaux indigènes et à se voir appliquer la loi Coranique et la législation Séculière.

Il est à remarquer un fait fort intéressant à noter ici, c'est l'extension et le développement de la juridiction française en Tunisie. Cet accroissement, il ne faut pas l'attribuer seulement à l'augmentation de la population française et au nombre chaque jour plus considérable des transactions, mais aussi à cette circonstance qu'on finit par voir que cette justice est basée sur des principes immuables, qu'elle est en somme plus rapide, moins coûteuse, plus honnête et plus sûre que les autres.

Le Gouvernement Beylical, il faut bien le reconnaître, a tout fait pour favoriser cette extension de la juridiction française.

Dans cet ordre d'idées, il convient de rappeler :

Un décret Beylical du 9 Chaoual 1301 (31 juillet 1884) qui décide que, réserve faite des successions et du statut personnel des sujets tunisiens, les tribunaux français connaîtraient de tout litige où serait en cause *un* Européen.

Un autre décret du 23 Kaada 1302 (2 septembre 1883) qui attribue à la Justice française compétence :

1° De tous les crimes commis par des Tunisiens au préjudice d'un Français, d'un protégé, d'un Européen, ou protégé européen ;

2° De tous crimes ou délits commis par des Tunisiens lorsque des Français ou assimilés seraient co-auteurs ou complices ;

3° De tous crimes, délits ou contraventions commis par des sujets tunisiens, aux audiences des tribunaux français, dans les lieux où un ou plusieurs magistrats français procèdent à un acte de leurs fonctions, contre l'exécution des arrêts, sentences ou mandats de la Justice française ;

4° De tous crimes et délits commis par des assesseurs Tunisiens du Tribunal criminel ·

5° Des délits de faux témoignage, de faux serment ou de subornation de témoins, tant devant la juridiction civile que criminelle.

Certains autres décrets, moins importants, ont été successivement rendus, donnant compétence à la juridiction française ; le plus remarquable est celui du 19 Ramadan 1302 (1er juillet 1885), qui décide que toute contestation relative à une propriété *immatriculée* serait exclusivement de la compétence des tribunaux français.

Cette loi foncière du 1er juillet 1885 est facultative, c'est-à-dire qu'elle n'impose à personne un régime nouveau ; chacun est libre de conserver l'ancienne juridiction ou, au contraire, par *l'Immatriculation* de placer l'immeuble sous l'empire des règles de notre Code civil et par voie de conséquence de rendre les tribunaux français compétents pour connaître de toute difficulté ou de toute contestation pouvant naître au sujet de cet immeuble.

Une fois l'immatriculation opérée, les règles restent les mêmes, c'est-à-dire que la juridiction française est seule compétente, même si la contestation se produit entre deux sujets Tunisiens.

Il était extrêmement intéressant de rappeler cet état de choses, qui marque un grand pas vers l'unité de juridiction.

Notons que la Justice française fonctionne admirablement en Tunisie, et à la satisfaction de tous ; que le travail qui incombe aux magistrats de Tunis (malgré les trois chambres qui composent ce tribunal) et de Sousse, comme aux douze juges de paix (1), est considérable et va chaque jour, comme nous l'avons dit, en augmentant.

Déjà, on réclame la création de tribunaux de première instance nouveaux, et, depuis longtemps, la constitution d'une cour d'appel spéciale à la Tunisie, dont les affaires, en appel, ressortissent, actuellement, à la Cour d'Alger, elle-même déjà surchargée.

Ces préliminaires exposés, étudions maintenant la Justice Tunisienne, spécialement la Justice religieuse.

La Justice Tunisienne se compose de deux parties, ou de deux juridictions bien distinctes : la *Justice Coranique* (Justice religieuse proprement dite) et la *Justice Séculière*.

La loi du Coran est la base de la législation, mais cette loi sacrée, qui remonte loin, n'a pu prévoir bien des cas résultant de la civilisation, du progrès, de l'évolution de la société et des relations existant entre les nations : donc, à côté de la loi religieuse proprement dite, s'est établi le *droit séculier*, et cette législation nouvelle s'est, comme on l'a dit (2), juxtaposée à la loi religieuse et l'a complétée.

Cette Justice séculière s'était assurément manifestée avant le Protectorat, car les nécessités qui l'avaient fait naître l'avaient évidemment précédée depuis longtemps. Elle ne pouvait porter aucune atteinte à la grande loi religieuse, mais

---

(1) Tunis (nord), Tunis (sud), Bizerte, Souk el Arba, Béja, Le Kef, Grombalia, Sousse, Sfax, Kairouan, Gabès, Gafsa et Thala.

(2) GALDIANI et THIAUCOURT : *La Tunisie*, p. 39, n° 163.

elle était née et avait grandi à l'ombre de celle-ci, la complétant, pour ainsi dire, en raison des progrès de la civilisation et des exigences sociales.

Elle comprend quatre groupes d'organes : les Caïds, — les tribunaux régionaux ou de province et la « Driba » de Tunis, — le tribunal de l' « Orf », et l' « Ouzara », auquel se rattache la direction des services judiciaires.

Un mot sur ces quatre organes :

Les *Caïds*, qui sont surtout des magistrats de l'ordre administratif, ont cependant compétence en matière civile et en matière pénale (1).

Ils sont compétents, en matière civile, pour connaître des actions personnelles et mobilières dont la valeur ne dépasse pas 30 francs.

Ils sont compétents, en matière pénale, lorsque la sentence à intervenir, d'après les lois, n'excède pas un emprisonnement de plus de quinze jours, ni une amende supérieure à 20 francs.

Mais ces diverses compétences n'appartiennent pas aux Caïds ou aux Cheiks qui résident dans les villes où se trouve un tribunal régional (2).

Les tribunaux régionaux et la Driba de Tunis

Ces tribunaux régionaux sont au nombre de six : Sfax, Sousse, Gabès, Gafsa, Kairouan, Le Kef, pour la province ; la Driba pour Tunis.

Ils ont compétence civile et pénale.

Ces juridictions sont du ressort du tribunal de l'Ouzara, qui siège à Tunis.

Le tribunal de l'Orf

Ce tribunal, qui siège à Tunis, est un tribunal commercial.

---

(1) Décret beylical, 25 mai 1890.
(2) Sfax, Sousse, Gabès, Gafsa, Kairouan, Le Kef.

Il est composé de l' « Amin » du commerce et de dix assesseurs.

Non seulement il s'occupe de toute affaire commerciale, mais remplit aussi le rôle des conseils de prud'hommes français.

Le tribunal de l'Ouzara de Tunis

Il est divisé en trois chambres :

Une chambre civile ;

Une chambre pénale ;

Une chambre des appels correctionnels (appels des tribunaux régionaux).

Pénalement, il connaît de tous les crimes et délits de nature à troubler la tranquillité publique (1).

En matière civile, il connaît des actions mobilières supérieures à 5.000 francs.

Il est incompétent au pétitoire.

Ce tribunal est très important, et le nombre des affaires qui lui est déféré est considérable.

Cela est le résultat de sa large compétence, de son autorité, comme aussi de l'esprit procédurier des indigènes, qui, volontiers, se ruinent pour poursuivre jusqu'au bout la reconnaissance et la consécration de ce qu'ils considèrent comme leur droit.

Fort heureusement, l'Administration française travaille à codifier ce droit séculier ; ce sera un grand bienfait pour le peuple tunisien, car cette codification aura l'immense avantage de ne pas laisser l'expression de ce droit livrée à la tradition plus ou moins fidèle, à l'interprétation plus ou moins exacte, ou à l'arbitraire plus ou moins conscient du juge indigène.

Ayant rappelé, par le très-rapide exposé qui précède, quelle est la division de la Justice en Tunisie, en indiquant le rôle de la Justice française et de la Justice séculière, il ne

---

(1) Décret beylical du 4 avril 1884 (art. 5).

nous reste plus à examiner que la Justice religieuse, son fonctionnement, son avenir, c'est-à-dire, les réformes dont elle nous paraît susceptible ; nous disons réformes, car un jour viendra où elle devra s'effacer devant l'unité de juridiction.

Avec un sens très-exact et très-prudent des hommes et de la situation, les Autorités françaises ont justement pensé qu'il serait téméraire et dangereux au peuple étranger et de religion différente, qui venait de placer la Tunisie, sous son Protectorat, de toucher d'une façon quelconque à la Justice traditionnelle, issue du Coran, à laquelle étaient attachés, avec un vrai fanatisme religieux, les indigènes.

La France respecta donc, avec raison, cette Justice religieuse, malgré les imperfections de son administration. D'ailleurs, elle établissait, à côté, la législation issue de nos Codes, pour tous nos nationaux, pour les Européens et les « protégés » Tunisiens, et nous avons dit, plus haut, quels progrès ont fait ces tribunaux, auxquels on s'adresse, chaque jour davantage, tant à raison de la sagesse des lois qui les régissent qu'en raison de la science et de l'honnêteté de ceux qui les composent.

La loi Religieuse, ou législation Coranique, découle du Coran lui-même, source infaillible de toute vérité.

Elle découle encore de la conduite du Prophète (Sonna), c'est-à-dire de tous les actes ou paroles de Mahomet qui ont été recueillis par ses disciples et fidèlement conservés par la tradition.

Elle découle, enfin, des avis ou consultations donnés par les compagnons du Prophète (Djema) et des interprétations données aux textes du Coran par l'assemblée des jurisconsultes musulmans.

Cette dernière source de législation Coranique est particulièrement employée par les « Muphtis », magistrats musulmans qui, sur la demande des plaideurs, sont appelés à rédiger des « Fetouas », ou consultations écrites (1).

---

(1) GAUDIANI et THIALCOURT : *La Tunisie*, n° 161.

« Savoir le droit est un devoir religieux » (Iaoubi, II, 2, 3 ; Zarchani, V, 1). « La consultation juridique et le jugement rendu par le juge sont, tous deux, la déclaration de la volonté de Dieu. » (Rasouli, 1, 18 ; Lamiate Ezzakake, p. 9 et 29.)

Cette juridiction religieuse est rendue par le tribunal de la *Charaa* pour les musulmans, et par le *Tribunal rabbinique* pour les israélites.

Elle concerne le statut personnel des sujets tunisiens et leurs successions ; elle est compétente en matière de propriété et de droits réels, *lorsqu'il s'agit d'immeubles non immatriculés.*

La Charaa de Tunis est formée par le Cheikh el Islam, des muphtis, des cadis et du dey ; ainsi en décidait le décret beylical du 14 novembre 1856. Ce même décret fixait les jours d'audience, l'emplacement où devaient siéger les Muphtis de chaque rite musulman (rite hanéfite ou rite malékite), chargés de donner des « fatouas » (consultations) lorsqu'ils en sont requis, et d'assister les Cadis de leurs lumières.

La durée des audiences était fixée à quatre heures par jour et prenait fin à une heure de l'après-midi ; ces audiences ne pouvaient être réduites pour aucune raison, car ce décret disait : « Si les affaires viennent à diminuer, les juges n'en demeureront pas moins occupés à des travaux de leur charge, à arrêter des mesures et signer des documents réservés pour le temps qu'ils auront de libre. »

On le voit, les juges de la « Charaa » n'ont pas les surprises des audiences courtes ou du rôle qui croule, car, quel que soit le nombre des causes soumises à leurs lumières, ils doivent leurs quatre heures de travail, en séance, et cela alors même que les causes font défaut !

Le plaideur, au début de l'instance devant le tribunal de la « Charaa », doit faire choix du rite suivant lequel il entend être jugé (rite malékite ou hanéfite), cela fixe la compétence du Cadi qui doit connaître de l'affaire, soit le Cadi malékite, soit le Cadi hanéfite.

Le Tribunal Rabbinique est un tribunal religieux qui s'occupe spécialement des litiges concernant le statut personnel et les successions des israélites.

Il est composé du grand rabbin (président honoraire), d'un rabbin, vice-président ; de deux rabbins, juges, et de deux rabbins, juges suppléants, plus le greffier.

Ils sont tous nommés par le Bey, sur la proposition du premier ministre.

Les jugements sont rendus en langue hébraïque.

Les israélites protégés français sont justiciables des tribunaux français ; même en matière de statut personnel, le tribunal rabbinique n'a pas compétence à leur égard.

Donc, il résulte de ce qui précède, qu'il existe, dans la Régence, deux tribunaux religieux dont sont seuls justiciables les sujets tunisiens, à l'exclusion de tout « protégé ». Ces tribunaux sont, on vient de le voir : la Charaa pour les musulmans, le tribunal Rabbinique pour les juifs.

Voyons maintenant comment fonctionnent ces tribunaux religieux, c'est-à-dire quelle est la procédure suivie devant ces juridictions.

Les remarques qui vont suivre s'appliquent aussi bien aux tribunaux musulmans (Charaa) qu'aux tribunaux juifs, dits tribunaux rabbiniques.

Et d'abord, il ne faut pas prendre à la lettre cette légende, d'après laquelle la Justice tunisienne serait expéditive et peu coûteuse.

Les juges religieux (les cadis pour nous borner à la justice religieuse musulmane) sont rétribués par des taxes qu'ils perçoivent sur les plaideurs ; ce sont les vacations.

Les plaideurs, devant ces tribunaux, doivent s'adresser, d'abord, aux notaires de la Charaa qui prennent acte de leur demande ; pour cela, le Cadi perçoit une première vacation. Cette vacation, nullement tarifée, est laissée à l'appréciation du juge qui la taxe sur l'importance du litige qui lui est déféré, comme sur les ressources de celui qui la porte devant lui.

La cause est alors par le demandeur confiée à l' « Oukil », avocat-agréé, qui a pour mission de représenter le plaideur.

L'institution des « *Oukils* » a été complètement remaniée par un décret du Bey du 26 février 1897.

Les honoraires de ceux-ci sont directement payés par le client.

En cas de difficultés, quant au chiffre des honoraires demandés, le Ministre de la Plume intervient et tranche le différend entre l'Oukil et le plaideur, après avis du chef de la juridiction devant lequel l'affaire est portée.

On avise ensuite le défendeur de l'action portée contre lui par les soins de l' « *Aoun* », c'est-à-dire l'huissier fidèle du Cadi, et nécessairement ce ministère n'est pas gratuit.

Le défendeur qui doit répondre, dans les délais fixés à la demande, ne pouvant aborder le Cadi, sans s'adresser à l' « Aoun », est obligé de payer, à son tour, une vacation, pour faire connaître ses moyens de défense.

C'est alors que le Cadi se met en devoir de commencer l'examen de l'affaire; il fait prendre acte de la défense par ses notaires qui touchent, à cette occasion, de nouvelles vacations, et l'affaire en reste là, soumise à l'examen du Cadi, tant qu'il estime qu'elle n'est pas en état d'être jugée.

Les parties comparaissent devant leur juge, avec ou sans « Oukils », selon qu'elles se font représenter ou qu'elles comparaissent en personne, et alors le juge, dans presque tous les cas qui lui sont soumis, ordonne une enquête.

L'affaire, suivant une expression aussi juste que pittoresque, entre alors dans une période de sommeil, jusqu'à ce que l'une des parties excédée de ces lenteurs interminables, se décide à y mettre un terme en allant graisser les rouages de la Justice à l'aide de quelques piastres opportunes.

A la suite de cette opération, comme par enchantement, le Cadi remet en route le char de la Justice.

Alors, soit par son huissier, soit par ses caïds ou les membres de la « Charaa » du lieu du litige, le Cadi se renseigne sur l'affaire à lui soumise, au moyen de sortes d'ordonnances de référé (merasla) qui naturellement sont payées par les parties.

Quand la réponse demandée par la « merasla » parvient au Cadi, il envoie prévenir demandeur et défendeur par le fidèle huissier « *Aoun* » dont, naturellement il convient encore de payer la vacation.

Le Cadi apprécie, alors, si les renseignements sont complets et naturellement il ne les trouve jamais tels ; aussi, le plus souvent, recommence-t-il cette procédure au désespoir des parties.

Enfin, vient l'heure où il doit rendre sa sentence, mais avec ce flegme et cette impassibilité de l'Arabe, il ne s'émeut pas, il classe provisoirement l'affaire, en attendant que les parties se décident à la lui faire reprendre à l'aide de nouvelles piastres.

Celles-ci demandent à revoir le Cadi, d'où une nouvelle vacation, et, alors, elles n'obtiennent, le plus souvent, que l'aveu de son embarras! Le Cadi, par exemple, se trouve en présence d'un titre de propriété, trop vieux et auquel l'adversaire oppose un « *Ontika* » ou acte de notoriété; il explique alors aux plaideurs qu'il faut qu'ils s'adressent à son collègue le « Muphti » pour obtenir certains éclaircissements nécessaires sur la valeur des pièces produites.

Le Muphti consulté par les parties rend une consultation juridique « *Fétoua* » qui naturellement lui est payée par chacun des plaideurs; ceux-ci portent ensuite cette consultation au Cadi qui ne la trouve jamais assez claire, il renvoie les parties devant le Muphti pour avoir une nouvelle « *Fétoua* » qu'il faut, naturellement, payer à nouveau.

Or, toutes ces « *fétouas* » ayant même valeur, même autorité arrivent, le plus souvent à se contredire sur un point; il faut alors procéder à de nouvelles constatations sur les lieux ou transports « *mérasla* » ou « *lonjah* », transport des notaires sur les lieux litigieux, toujours nécessairement contre paiement de nouvelles vacations.

Ces nouveaux constats sont suivis de nouvelles « *fétouas* » jusqu'à ce que personne et le Cadi, tout le premier. ne puisse plus rien connaître de l'affaire qui a été soumise à la « Charaa » quelque dix ans auparavant !

Si les parties sont lassées par cette désespérante procédure, le Cadi s'arrête, tout simplement encore, et classe provisoirement l'affaire, jusqu'à ce que le Prophète l'illumine et l'inonde de ses lumières.

Mais les malheureux plaideurs qui, depuis longtemps, attendent une solution, s'adressent alors en désespoir de cause à l'un des Ministres du Bey, et s'ils peuvent émouvoir ce haut personnage, s'ils peuvent obtenir de lui un ordre enjoignant au Cadi d'en finir, celui-ci s'empresse de bâcler un premier jugement, en ayant soin de prévenir la partie qui succombe, de manière qu'elle puisse faire opposition, ce qui arrêtera l'exécution.

Il faudra statuer sur cette opposition et le cumul des « *fétouas* » et des « *meraslas* » nouvelles toujours payées par les parties sera pour le Cadi une nouvelle source de revenus prélevés sur les justiciables, comme cela avait lieu lors de l'affaire principale.

Voici quelle est, à l'heure actuelle, la marche normale de la Justice tunisienne, et cette procédure que nous avons analysée, tirée de la juridiction du Cadi, pour les affaires musulmanes, elle est absolument la même pour le tribunal rabbinique.

Lenteurs interminables, complications voulues par le juge, épices qu'il prélève dans des proportions insensées, tel est le résultat de cette procédure qu'on a voulu représenter comme rapide et peu coûteuse!

L'exemple donné ci-dessus n'est pas une exception dans les annales de la Justice religieuse musulmane ou juive; c'est l'habitude courante, c'est la règle que les juges justifient par le respect dû à la loi Coranique, chose qui leur est facile puisque la sentence du juge est l'expression de la volonté divine.

Eh bien ! malgré les sarcasmes et les griefs dirigés contre

la vieille *Thémis* française qu'on représente toujours comme une sénile déesse botteuse, j'aime encore mieux son allure, et, ses mœurs me paraissent encore plus intègres que celle de la Justice religieuse tunisienne.

Je viens de relire le Coran ; c'est une suite de pensées mystiques et philosophiques, le plus souvent ; théoriques, parfois, mais généralement imprécises. Ce texte n'a pas la netteté et la précision nécessaires à des dispositions de lois impératives qui doivent poser des principes de nature à permettre de trancher les différents cas, suivant le droit afférent à chacun.

Il n'en est pas ainsi, et le mysticisme de ces formules générales laisse un vague complet dans l'interprétation livrée au caractère, au tempérament et à l'esprit de chaque juge.

D'où résulte fatalement l'arbitraire ou la fantaisie. Aussi, conçoit-on la naissance de ce droit séculier qui est venu parallèlement à la loi Coranique s'établir comme une nécessité des temps, des mœurs et des contrats nouveaux résultant de la civilisation.

Ce droit, nous l'avons dit, les autorités françaises cherchent à le codifier.

Ce sera un service immense rendu à la population tunisienne.

Dans ces conditions, on estimera, peut-être, que l'heure est venue de remédier à un état de choses aussi déplorable que celui que nous venons de décrire, alors que la France vient d'étendre son immense empire africain qui occupe aujourd'hui l'Algérie, la Tunisie et le Maroc.

La situation que nous venons d'exposer est déplorable, disions-nous ; elle l'est, en effet, pour les plaideurs, pour lesquels elle est une œuvre de ruine et encore pour eux-mêmes qui voient s'éterniser indéfiniment les contestations qui les divisent.

L'Arabe est procédurier, chicanier, là où il croit voir son droit, il ira, les yeux fermés, mais la bourse ouverte, dépensant jusqu'à son dernier sou, pour voir ce droit définitivement consacré par la sentence du juge.

Il résulte de là que seuls les intermédiaires, les Cadis, les Muphtis, les Rabbins, qui vivent aux dépens des plaideurs, ont seuls intérêt à voir se prolonger l'état de choses actuellement existant.

Que le Gouvernement n'ait pas détruit l'organisation judiciaire qu'il a trouvée en 1881, on le conçoit ; c'était son devoir vis-à-vis des populations tunisiennes de la respecter et aussi son intérêt politique.

Le Gouvernement français était un gouvernement de Protectorat, il ne devait pas toucher aux institutions existantes du peuple tunisien, et c'était l'intérêt même de sa politique bien comprise de ne pas porter la main sur une organisation judiciaire basée sur la loi religieuse.

Mais on a pu voir, depuis 1881, combien féconde a été la collaboration de la France et du Gouvernement beylical.

Le Bey de Tunis et son Gouvernement toujours, depuis cette époque, se sont associés à toutes les mesures proposées par la France, mesures qui pouvaient être de nature à augmenter la richesse du pays ou à améliorer le sort des populations qui l'habitent, et on a vu quels résultats féconds a donnés cette collaboration, puisque la Tunisie est aujourd'hui un pays en pleine prospérité et dont le commerce va sans cesse grandissant.

Heureusement pour les populations de la Régence, elles ne sont pas soumises aux interminables formalités de notre procédure parlementaire, qui font qu'une loi nécessaire, urgente, reconnue de toute utilité, attend des années et des années le moment où elle voit le jour (quand elle le voit). Le Bey de Tunisie et son Gouvernement comprennent merveilleusement les progrès, les améliorations, les réformes sages qui leur sont proposés par le Protectorat, et un décret du Souverain suffit pour assurer l'exécution immédiate du nouvel état de choses.

D'ailleurs, aux yeux de la population indigène, la personnalité du Souverain a quelque chose de sacré, car son pouvoir émane en quelque sorte de la Divinité, de qui il tient ses droits et dont il est, auprès d'elle, comme le représentant et le mandataire. C'est pour leur bien et leur protection qu'il exerce cette autorité, dans l'intérêt de la population musulmane.

Il est enfin, dans les attributions constitutionnelles même du Prince, d'avoir le droit de modifier l'ordre des juridictions, de renvoyer devant tel ou tel tribunal une cause dont est saisi un autre tribunal.

Avec ces idées et ces principes, on conçoit combien, même dans l'ordre judiciaire, si mêlé soit-il aux choses de la religion, il serait facile au Bey de décréter des réformes qu'il viendrait à juger utiles, le jour où on lui en aurait démontré l'utilité et l'avantage.

Il lui est d'autant plus aisé de les décréter qu'aux termes de l'article 1er du traité du 8 juin 1883, il s'est engagé à procéder aux réformes judiciaires qui lui seraient conseillées par le Gouvernement français.

En attendant qu'il en soit ainsi, en attendant l'unité de juridiction *nécessaire* qui simplifierait tout et donnerait satisfaction à tous, il convient d'y amener progressivement les populations indigènes :

1° Par la connaissance donnée à ceux-ci de la différence de solution des affaires soumises à la Justice française et à la Justice indigène religieuse, tant au point de vue de la rapidité avec laquelle celle-ci intervient, qu'avec l'économie considérable qui en résulte pour les plaideurs ;

2° En facilitant et en favorisant, le plus possible, l'immatriculation des immeubles ;

3° En répandant, en propageant le protectorat individuel des indigènes ;

4° Enfin (comme on l'a très justement préconisé comme un acheminement à cette unité de juridiction), par l'adjonction, auprès du tribunal religieux indigène Charaa ou tribunal Rabbinique, d'un magistrat français rappelant le ministère public près de nos tribunaux, pour exercer une sorte de contrôle sur l'administration de la Justice religieuse, tant à l'effet d'en hâter l'expédition, qu'à l'effet d'empêcher les exactions dont nous avons parlé.

Cette institution serait un grand service rendu aux justiciables Tunisiens et aurait encore l'avantage de donner à nos agents une grande influence sur les populations de ces pays, en mêlant les « roumis » aux choses de la religion Islamique.

ROUEN. — Imp. L. WOLF, 13-15, rue Pierre-Corneille